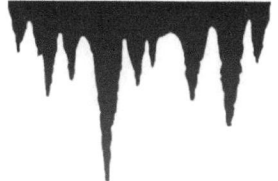

▼ TIPPUKIVIÄ ▼

runokokoelma

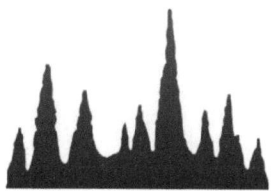

P Merivuori

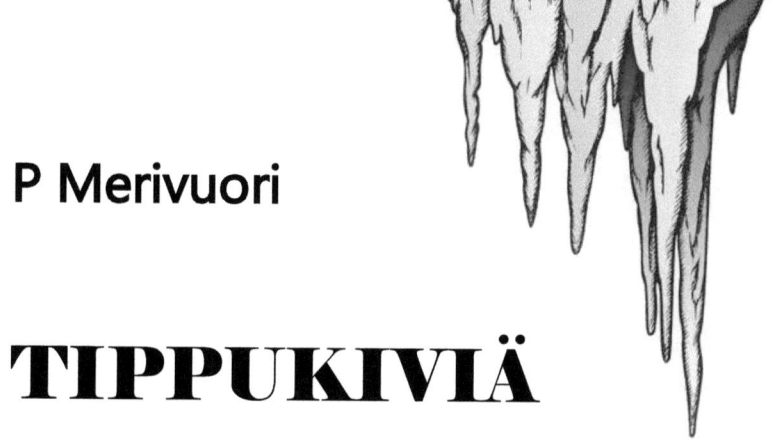

TIPPUKIVIÄ

Kansikuva: Jade Amanda Matilda Sjöberg
Kustantaja: BoD – Books on Demand, Helsinki, Suomi
Valmistaja: BoD – Books on Demand, Norderstedt, Saksa

ISBN: 978-952-80-4300-3

"Knowledge speaks, but wisdom listens…"

- Jimi Hendrix (1942 - 1970)

 **"So you children of the world listen to what I say**

If you want a better place to live in spread the words today

Show the world that love is still alive you must be brave

Or you children of today are children of the grave, Yeah..."

- Ozzy Osbourne ♫

"Children Of The Grave" | Master Of Reality (1971)

Ovat luvanneet rakentaa vanhan homekoulun tilalle uuden

Niin minäkin luomakuntaa pohjarakennustekniikalla hellin

että ruoppaan rehevät ryysyrannat,
poistan leväperäisen pohjamudan ja
paalutan tiedon ytimeen

Yläpuolisilta rakenteilta tulevan kuorman siirrän kantavaan maaperään
Notkuvat nojautan kallioon

Sedimentti kerrallaan
asetan osuvan asenteen
nasevaan aseeseen

Niin lempeästi leperrän
että terraariossa kameleontit kajastavat kukkakuvioin

ja vielä kotipihallakin
rikkaruohojen taimet kukoistavat

ILMAVIRTA

Ilmapiirin yksitotinen tunkkaisuus

vaatii riehakkaan ventiloinnin

Sopu sijaa antaa, suukopu

tekee sähäkämmin tilaa

Oppikirjan kannessa Yippee!

Huolella saakin tuulettaa

luokkahuoneen ikkunat

Seppo-Zen selälleen

Kohta ilma on raikas

Voi taas hengittää

niskaan

Isosti ollaan

Suuressa maailmassa

kun yritän teitä opastaa

tsaarien historiaan

Pietari sitä, Katariina tätä

ja siihen sievoiseen pääomaan, mitä ei voi

rahalla ostaa,

hengen jättiläiseksi mielen mahtipakoon

luokkatilasta, jossa

yksi toistuvasti lukossa ja

kahdella aina lippis päässä

HYVÄÄ CAPS LOCK -PÄIVÄÄ!

VINCI VERSACE

Koulun pukeutumisviikolla riittää vastaantulijaa

Vaalin varmaa strategiaa
Ylläpidän ikuisen tyylin taktiikkaa

Muotisyklin mukaan olen kerran In
ja jos pitkään elän, ehkä jopa toisenkin

Kunpa sanansakin osaisivat sonnustaa
sävyisän värin viittaan
etteivät ajatukset aina alasti
eripuran sarkaista pintaa

Pussinuuskaa ruokalan rappusilla

Tunnelma peräkanaa ennen kananperää
Jos kerran pöytä seisoo, jonon ei tarvitsisi

Salissa keittäjän kranaatti
Tuusan nuuskaksi makupaletti

Artisokka irti

PIIKKI LIHASSA

Hyvää Maailman opettajien päivää!

Täydellä kympillä

aion olla oma omituisuuteni ja

hihittää hihaan

kun teidän pitää kakoen mutta kohteliaasti

yrittää niellä

tempausteni pistävä

siilisalaatti

Joulukuun 13.

Lupaavat taas kulkueen kera valoa, iloa ja

inhimillisyyttä

Niin valuu silmille taliseppele, palaa

parafiini polvissa kun

Santa Luciferin päivänä

kansankynttilä molemmista päistä

Olisipa saatana edes joskus

kunnon kapinaa, eikä ainaista

posetiivarin apinaa

Joululoma. Toviksi tuppukylän riivaajien

pirunpellot pakettiin

Rauhaa tupiin ja rauhassa

beelzepubiin

Lahjat jakaa Santa Culaus

Kasvojesi hermosolujen lankamaiset rakenteet

nykivät hellästi

vitutuksen poskipunan

kun ääneti pohdit

lasketaanko keskikiihtyvyys

jakamalla nopeuden muutos

siinä käytetyn aikavälin pituudella

Jos kysyt, minä kyllä vastaan

sen selkeämmän kaavan

jossa palvelusvuosilisäni jaetaan

pinnansietokyvyllä

jatkuvaan irvailuun

Alkuun panemisen

kotkotukset muuttuneet

ajan ja ihmisen saatossa

Kumpi tuli ensin?

Ennen kysyivät:

kana vai Kinder?

Nykyään kysyvät:

muna vai Tinder?

ERITYISPEDAGOGIIKKA III: MAAN TIETO

Kuu piinasi toistuvasti maata

Minä haluan olla tähti
Minullakin on vetovoimaa
Turhaan yrität pitää pintasi

Minä valvon yöllä niin kuin huvittaa
Siksi et tunne pimeää puoltani
Päivisin aion torkkua piilossa

Ani harvoin näet minua täydellisenä
Loistan riittävästi vaillinaisenakin

Epätasaisuuteni syntyy muiden törmätessä minuun
Asteroidit, komeetat ja meteoriitit eivät piittaa minusta

Toisinaan varjosi peittää minut kokonaan

Mikset anna minun olla?
Miksi minun pitää sinua seurata ja perässä kulkea?
Mitä minun täytyy tehdä, että annat minun mennä?

Maa vastasi kuulle:

"Hanki Elämä!"

ERITYISPEDAGOGIIKKA IV: SUOMI TOISENA KIELENÄ -OPETUS (S2)

Pakolaisena todellisuudesta,

kielimuurinne kolosta,

koetan ujuttautua sisään

valtakuntanne saippuaoopperaan,

missä kauniit ja rohkeat

piilottavat salatut elämät

Aaria tähän mennessä:

"Jonnen bae yrittää olla swag

Siksi Jonne flexaa alati

eikä tajua olevansa cringe

vaan servaa nyyppää

jonka ramu rektaa..."

Prepositiopäivänä ylöskirjattua:

Alisuoriutujalle läpilyönti

Päällepäsmärille ohivedosta vierihoitoa

Ristiinpukeutujan sisäsiisteydestä sivuhuomautuksia

Vastarannankiiski halkinaamaa ulkosyrjällä (jälki-istunto)

Ylivilkas poikkiteloin, takapuoli etuajassa välitunnille

Loppupeleissä lähikauppaan keskioluelle

Yhdessä päätetään

Minä edellä passiivissa
Te perässä passiivisesti

Minä päätän päivät pääksytysten
päämäärän ja tuen päätökset

Te päätätte vartin päästä
työrauhan ja päästä vessaan

Minä toivon, että te päätätte määränpään
Te, että minä päiväni

Yhdessä voitamme pääosasta Oscarit
Minä esiinnyn olkapäänä
Te näyttelette päänsärkyä

Yhdessä auotaan läpiä päähän
Minä vedän johtopäätökset
Te puskette tilanteen päälle

Päätä pahkaa

Päästä varpaisiin

Pää kolmantena jalkana

Vimpan päälle

harmaapää ja nuijapäät

Kesäkuussa päätökseen

Päästä päähän

Yhdessä

Älä naura:

Luulevat, että pilkkaat tai et kevytmielisenä piittaa

Älä itke:

Luulevat, että henkinen tasapainosi järkkyy

Älä hymyile:

Luulevat, että flirttailet tai haluat mielistellä

Älä ole totinen:

Luulevat, että tilanne on vaarallinen tai liian vakava

Älä puhu:

Luulevat, että yrität aivopestä tai taivuttaa ympäri

Älä vaikene:

Luulevat, että olet tyhmä tai et tiedä asioiden oikeata laitaa

Älä huuda:

Luulevat, että on hätätilanne, sinuun sattuu tai koetat alistaa

Älä tarkkaile:

Luulevat, että arvostelet tai yrität urkkia tietoja

Älä salli:

Luulevat, että olet leväperäinen tai liian löysä

Älä kiellä:

Luulevat, että olet tiukkapipo tai kontrollifriikki

Älä tule lähelle:

Luulevat, että olet perverssi tai leimaat erityisoppilaaksi

Älä ole etäällä:

Luulevat, että haiset pahalle tai ettei sinua kiinnosta

Älä ylipukeudu:

Luulevat, että koetat pysyä muodissa tai esittää varakasta

Älä alipukeudu:

Luulevat, että olet vanhanaikainen tai varaton

TUSKAN KANTO

Mielesi tyvi on katkaistu

ja lahokannon juuret imevät kärsimyksen vettä

Surusta en tohdi kaikkea kertoa

Vielä ei ikäsi riitä koko möykkyä sulattamaan

mutta sen paljastan, että vaikka rankkaa on perässään

kivun reppua kantaa,

rankempaa on selässään

typötyhjää

kassia raahata

Kysyessäni työvälineistä,

pengoit penaalista kajalkynän

Silmät kuin marja-aroniat,

mustiksi meikatut ja sellaisin rajauksin

että yössä pitää nähdä näkymättä

Näyttävät kasvot peittävät synkkyyden uumenen

Pilkkopimeyttä enemmän minua kiinnostaa

eläimen vaistosi, tapasi laukaista

kanssakäyminen

Onko viettisi

musta

lammas vai hevonen?

PELKOKERROIN

Et tee tänään mitään

eli teet sitä samaa kuin eilenkin

Ymmärrän toki, kun kerran

edellispäivänä et saanut valmiiksi

viime viikolla tekemätöntä

Vaikeneminen on kultaa, joskus

silkkaa pelkuruutta

Aina sitä on pelätty, mitä ei ole ymmärretty

Minä pelkään sitä, minkä ymmärrän

Kuin sula vaha,

tiedän sinun olevan

aamuyön valuma kivun haudasta, haurasta

murua muiden nokkimisjärjestykseen

Hukkuneena syvänteen mustaan silmään,

harot ylös raidallisin rantein,

pillillä pinnan alta pihisten

Kuin kosketusarkaa taikinaa,

varoen koetan vaivata, raivata tilaa

ponnistuksen pakkosyöttöön

Edessä pulpetilla tuskasi kaliiperi:

uupunut mielen arkki ja ihosi ainoa vivahde

Paljas, enkelinvalkea paperi

② "OH, FATHER OF THE FOUR WINDS
FILL MY SAILS

ACROSS THE SEA OF YEARS

WITH NO PROVISION BUT AN OPEN FACE

ALONG THE STRAITS OF FEAR..."

- Robert Plant ♫ LED-ZEPPELIN

"Kashmir" | Physical Graffiti (1975)

Kunnallispäsmäröinnissä pienen piirin-

mestaruuskilpailut

Kompassit jaettiin, piti kasata triathlonjoukkue

sukkulaviestiä varten

Suunniteltiin väliaikalähtö, vuokrattiin

naapurikunnan pururata, rahat riittivät

mehupisteeseen

Tarjolla oli vettä

Kisapaikalla kerättiin kompassit, jaettiin tilalle

helmitaulut, joilla kellotettiin vartin

Cooper-testi

Voittajia olivat kaikki ja jok'ikinen

palkittiin mahdollisuuksien

mielikuvitusmitaleilla

AATE JA VAATE I

1918 kansanvallan puolesta kaatuneiden

muistomerkkiaitauksessa

ei sirppiä, ei vasaraa, ei

kukan kukkaa

mutta portinpielessä piknik-haarukka ja

pari pinkkiä sukkaa

Niin haalenee vuosisadassa väri, kevenee

sorretun kalut

Se mitä ennen

jalat edellä kevään selkään

Nyt paljain varpain

evään jälkeen

Lapsuuden leikkipuisto saanut nimensä

suojeluskuntaosaston ampumaharjoituspaikasta

Koti kivenheiton päässä,

uskonto rippikoulubändin rumpalina ja

isänmaa suorana Salorasta kun

Kekkosta kuopattiin

Kivijalkaraunioista kaivoimme tyhjiä kiväärin hylsyjä

Raskaat olivat ajat

Kovat olivat panokset

Hylsyistä tein hevirock-korun

FINLANDIA-HYMNI I

Isä omistaa maan, äiti kielen

Cargo zonella hybridit parkissa
Mediapoliksen buffetissa kuhinaa

Bistrossa
Digital Offset Printin senior manager
barbecue fileetä pyreellä

Cafeteriassa
Crossfit Centerin personal trainer
litsi-kumkvatti-smoothietaan

Tämä ottaisi pannukahvin, muttei
näe ostaa

kun myyneet ovat äidin

Jo silmänsä harittavat

Niin neitoaan parittavat

Äiti omistaa kielen, isä maan

Sonnim (손님) on vieras koreaksi ja

vieraskoreaksi ollaan tunteen palossa opittu, kun aikoinaan

tulta kannettiin

"Ikkunat auki Eurooppaan!"

Sittemmin kertaheitolla loppui anemia

tuliaisista Stalinin maan

Nykymatsin jälkeen liekit lyövät Aasiaan

Nanda Devin terassilla

chilikanat rinnuksilla

Maassa maan tavalla

Tappara-lippis takaraivolla

Vaappuen hindu lätkäjumalastaan,

jälleen-

syntymähumalassaan

TIELTÄ MISTÄ SAITA ON KATALIN

Niin menen maniaan, niin menee mania

kun oikea-

aikainen houkutuslintu madon nappaa

Hullut Päivät pääksytysten

Mammuttimarkkinoilta plussapallo-

salamana

S-korttitaksiin asiakasomistajaksi

Eikä mieli Mustana Perjantaina

kun jo verkkoon

Cyber Maanantaina

♫atkustan ympäri Amazonia

laukussa PayPal ja Visa vaan

♪os luo hiukkasen ponnistaa,

nuukuuden ostavan nään

Niin ahne luulee:

rahassa vika, vaikka sydämessä syy

Niin maallinen mammona kuljettaa, kintereillään

köyhyys

KEKKULIN TUITERI

Siinä mennä vaappuu

viinapiru miheksi

ja kaatuu, jollei pidä jostain kiinni – onnekseen –

pullostaan pitää, eikä edes läikytä

Turpavärkki rälläkällä, hiprakassa hikkaansa

jurriin tilttaa

Muusissa mokoma

elämännälkäänsä

muiden hermoja syö, kännibaali

Keittelee ketkusoppaa, muhivat jo huomisen soseessa

ellun kanat

ja tulevaisuuttaan tinassa ennustaa:

seipäässä seisoo poloisen järki, kuoleman katala

nirhaava kärki

Näköjään jo pysyvästi,

pidoista toipuminen kestää kauemmin

kuin niiden viettäminen

Pitkänomaisena onkin aikaa ajatella, että eläisikö sitä

puolet pitempään, jos ei olisi käyttänyt

alkupuoliskoaan

sellaisten tapojen hankkimiseen, jotka lyhentävät

loppupuoliskoa

Eestaas kampiakseli kallellaan

sukii sielu tukkanuottaa

Yksi tupeeraa epätoivon mallin, säntillisesti

säksättävät synkät säännöt

Toinen pelkkään riemuun nojaa, onnenkoukustaan

hyppäämässä heti ilon ojaan

Siinä vuoroin kiikuskellen:

Pessimissi ja Optinisti

Va **L** eriaana-teaniinia, jotta uni värjäytyy syvän siniseksi

Sinkki **A** setaattia, jotta solut suojautuvat hapettumisstressiltä

P unariisiä, jotta paha kolesteroli ei kurkota pilviin

H ainrusto-vihersimpukkaa, jotta raajoihin ei tartu nivelrikko

Spi **R** ulinamerilevää, jotta vastustuskyky singahtaa tappiin

S **O** ijalesitiiniraetta, jotta rasva palaa raivolla

Must **A** herukansiemenöljyä, jotta ihorypyt siliävät sametiksi

Kärs **I** myskukkatippoja, jotta hermot rentoutuvat jännityksestä

Ma **G** nesiumia, jotta keho karkottaa krampit

Hib **I** scuksenkukkateetä, jotta veri laskee paineitaan

Ruu **S** unjuurta, jotta keskittyminen säilyy tarkkaavaisena

Se **L** eeniä, jotta siittiöt liikkuvat ylivilkkaina

Pap **A** ijaentsyymejä, jotta punainen liha sulaa imeytyen

L **Y** kopeenia, jotta syöpäsolut saavat köniinsä

S inimailasta, jotta anemia ottaa vastaiskun

Vo I kukanjuurta, jotta munuaisissa luistaa solisten

A N dienkrassia, jotta hormonitoiminta ei villiinny

G insengjuurta, jotta ajatusten takana seisoo

Ko L iinikapseleita, jotta maksa jaksaa hajottaa

Mulp E ripuunlehtiuutetta, jotta verensokeri ei riehaannu

M ustikansiemenöljyä, jotta limakalvot kiiltävät puhtaana

S A hapalmun hedelmätabletteja, jotta eturauhanen ei tuki putkea

A L falipoiinia, jotta muisti ei petä

Bio T iinia, jotta tukka hulmuaa tuuheana

Ash W agandhan lehtiä, jotta alakulo ei valtaa alaa

Maito H appobakteereja, jotta pierut eivät pärise

Gre I pinsiemen-inuliinivalmistetta, jotta suolistomikrobit löytävät boostin

S alvialiuosta, jotta pistelevä kuumotus ei puske hieksi

Val K osipulitiivistettä, jotta veri virtaa ohuena

P Y gnogenolkuorisuihketta, jotta ikenet eivät ärsyynny

KAUKONÄKÖ UI

Sitä pitäisi molskahtaa ajan virtaan ja

muutosvastarinta-

uinnista

vapaakelluntaan

ettei väen vängällä ylistäisi menneisyyttä

nykyisyyden kynnyksellä

Mutta kun tulevaisuuden ovisilmään kurkistaa,

taantumuksen putkinäköä reunustaa

totuttujen tapojen kaihi

Eivätkä nykykäänteet taitu lähelle, ainoastaan

kaksin kerroin kippuraan,

eikä saa reformi

näkyvää asemaa, ei pääse pinnalle

vaan uppoaa

kohti käsipohjaa

Lymyssäsuin Myllyniemen rannassa

ruusunmarjapensaan alla

minigolfpallo

Pettänyt pelurilla lyhyt putti tai

pitkä pinna

Ei tunnu peliälyn ikääntyessä tasoitus pienenevän

vaikka ajatusradoilla oksanreiät lisääntyneet

Pyhäpäivän jumalanpalvelus kivikirkolla

Vakavat naamiot kasvomaskien alla

Lehtosaarnin vierestä väistän vesilätäköitä

Ristiaskeleissa katumuksen jalkapuu

Jo aavistuksen orastaa anepaine

kun ei kohta kolehtirahakaan

laupeuden avustus

vaan tulevaan sijoitus

HAARNISKA

Voimavaraturnajaisissa mielen Tila ja unen Puute

Tila valloitti alaa, Puute
käpertyi kasaan

Tila hamusi rauhaa, Puute
rääkyi raivoaan

Tuomarina itse Tunto
langetti tuomion:

Älä murehdi liikaa, älä huolta kanna
Sommiteltu on mitä on

Ei aina luottaa voi tuuriin,
sattuman saneluun

Kaikki on kirjattuna
struktuuriin,

tuman aneluun

Ummistamatta silmiä, silmätysten

piinan kanssa kukkuen

Valvoo

sahalaitainen alien, itseään sisältä ulos

nakertaen

Vanha ketale viiltää arpikudoksiin

vereksen vaon ja

läpi yön pärisee ruoskamarssi,

flagellantit peltirumpupoikineen

Aamun pelko ojentaa unettomuudelle

laakerikranssin

Kuu ulvoo ryijyyn

perkeleitten varjotanssin

SISÄÄNMENOTIE

Valintojen taikavarpu on kaksihaarainen kieli,

onnenkantamoisen tulkki täynnä

kohtalon kivaa

Itseään etsien

pitää sielulleen skoolata

eikä muita vängällä keksien

eteensä turhaan googlata

Elämäsi matkalla

etenemisen suunnat ovat lukemattomat

mutta sen verran malta lukea

että erotat ne molemmat

Jottei pohkeille ruhjeita, lahkeille

rohkeita ajo-ohjeita:

Kinttupolkuja hallitsevat

aasinkallojen kahlitsijat

ja jollet omaasi itse tallo, sen muut

puolestasi valitsevat

NYPPIJÄ

Kaikenlaista marjanpoimijaa

ihmisryppäiden kasvotertuissa

Valitse siinä sitten

mättäältä mättäälle

joko luotettavin tai

luottokelpoisin

Luolan torahammasrattaat

aikanaan

nitkahtaa

Pisaravuorollaan

jokainen väistyy paikaltaan

Hiljalleen maahan pudoten,

kyynelistä taivaaseen kohoten

Kaikuen poistumme muistojen poimuihin

Jää kaiverruksiin

nippu nimiä

Itkien kypsymme kalkkeutuen, matkien

tippukiviä

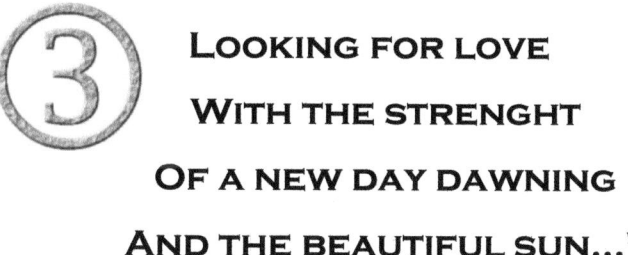

"THERE I WAS ON A JULY MORNING

LOOKING FOR LOVE

WITH THE STRENGHT

OF A NEW DAY DAWNING

AND THE BEAUTIFUL SUN..."

- Ken Hensley ♫ *Uriah Heep*

"July Morning" | Look At Yourself (1971)

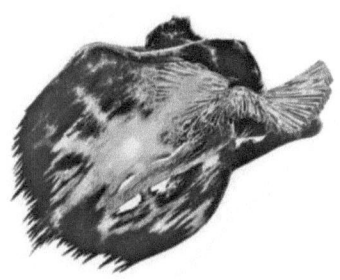

Loppupeleissä vanhemmuuteni vajoaa

parran pärinäksi polven partaalta

Kaikin tavoin koetan viisauteni verhota

kokemuksen elähtäneeseen kauhtanaan

vaikka päivä päivältä maailmanne lipuu

yhä kauemmas tiedostani poispäin

Hartaana toivon, ettette huomaa näytelmääni

ennen kuin myös itse tajuatte aikanaan

erkaantuvanne parrasvaloista kohti

reunapenkkejä

Sieltä käsin ymmärrätte hyödyntää samaa petosta,

särkymättömän rakkauden nimissä,

vannoen vaiteliaasti

hamaan tappiin asti

SUHTEELLISUUSTEORIA / E=mc^2

| Kasvun suhteellisuusteoriassa

iän ja tiedon karttuminen

aiheuttaa energiahäviötä |

E = Energy loss (in terms of articulation)

m = multiple of years (in terms of age)

c = conception of knowledge (in terms of school class)

"Hei rakkaat! Miten koulupäivä sujui tänään?"

E = 15 v. • 8 lk^2

"No mitä nyt taas? Hei, älä viitti!"

E = 12 v. • 5 lk^2

" Joo, oota ihan kohta. Mulla just nyt peli kesken.

Tää loppuu semipian. Ei tullu läksyjä.

Muuten hei, kauhee nälkä!"

$E = 7 \text{ v.} \cdot 1 \text{ lk}^2$

"Meillä oli tänään avaruuspäivä.

Uranus on muuten jääjättiläinen. Asuukohan siellä niitä?

Mutta tiesitkö isi, että astronauttien pakastekuivatusta jäätelöstä

puuttuu kokonaan jää. Sehän on sitten vain telöä.

Eikä Pluto oo enää planeetta, vissiin ku se on kerran koira.

Sitten me kuunneltiin kappale: "Kuusi kuuta ja Saturnuksen renkaat"

Ja ope sano, että sen laulo joku Ressu. Sekin on koira.

Mutta venäläisillä oli avaruuskoira Laika. Se oli kosmosnautseri.

Ja kiinalaiset on taikanaatteja.

Ja sitten ope sano, että Jupiterilla oli polkupyörätehdas

vai olikse Tampereella?

Muuten isi hei, Venuksella yks päivä kestää kauemmin

ku maapallolla koko vuosi.

Ja Marsin korkein vuori on 25 kilometrii.

Se on yhteensä 250 000 patukkaa peräkkäin.

Ja Neptunuksessa tuulet puhaltaa äänennopeutta

ja pakkasta on ainaskin –200 °C..."

JADE

Esikoiskiveni,

luovista unelmista veistetty ja

rauhaan koottu viisaus

kuin huolehtiva amuletti,

henkimaailman lepyttäjä

Tavoittele isosti haaveita, älä täydellisyyttä

Levitä mukanasi kimalteleva oikeamielisyys

Mikään ei voi minua tukahduttaa

kun viet iäti sinne

missä henki virtaa siunaten

Keskuskiveni,

harmoniassa resonoiva lämpö ja

parantavan energian maadoittaja

kuin suojaava talismaani,

turvallisesti älykäs

Ajattele siekailematta itseäsi, älä ensin muita

Ripota mukanasi puhdistava tasapaino

Mikään ei voi minua pelottaa

kun viet lakkaamatta sinne

missä rohkeus kasvaa vakaana

ONYKSI

Kuopuskiveni,

täynnä taikavoiman huutoa ja

vaistoista vahvaa vimmaa

kuin maaginen onnenkalu,

paratiisin jalokoru

Torju ristiriitaiset ajatukset, älä koskaan tunteita

Sirota mukanasi villitsevä intohimo

Mikään ei voi minua vaientaa

kun viet alati sinne

missä tahto vapauttaa totuuden

Isi vaihtaa vaipat, isi auttaa kengännauhoissa, isi laittaa laastarin,

isi puhuu joulupukista, isi antaa karkkirahaa, isi kuulee kysymykset

Isin suukot saatte tallettaa sydänalaan

Iskä vaihtaa pelikengät, iskä auttaa läksyissä, iskä laittaa grillipihvit,

iskä puhuu supersankareista, iskä antaa leffarahaa, iskä kuulee toivomukset

Iskän rutistukset saatte tuntea nahoissa

Isä vaihtaa talvirenkaat, isä auttaa muutossa, isä laittaa postipaketin,

isä puhuu elämästä, isä antaa opiskelurahaa, isä kuulee häistä

Isän ikävän saatte aistia puhelimessa

Taata vaihtaa kuulumiset, taata auttaa lastenhoidossa,

taata laittaa teidät asialle, taata puhuu itsestään, taata antaa lahjarahaa,

taata kuulee huonosti

Taatan tuhkat saatte sirotella iltatuuleen

PIENISSÄ HÄISSÄ

Kartanonhovissa kesähäät

S ♡ M -viitoissa ruusu ja ruiskukka

Santeri saa Mirkkunsa markiisin varjossa
Vaiko sateenkaaren alla Sebastian Miguelin?
Jospa vihdoin vasemmisto-oikeiston sadomasobileet

Pitääkin mennä kuokkimaan, ruokkimaan
itsensä täyteen rakkauden yltäkylläisyyttä

Niin kuin härmäläisissä juhlissa aina,
auringon laskiessa tunnelma nousee

Metsämansikka-raparperiboolin jälkeen minäkin pöydälle
Laulan Isojen poikien lauluja ja
lausun 50% tilastollisella todennäköisyydellä
erorunon

Illan liimaksi kliimaksi:
drumkick ja Bonhamin Moby Dick

Rumpusoolon aikana alkaa sataa

jasmiinihunajaa ja

kieli pitkällä lipoo kemuväki

Amorin mahlaa

Kuin kolibrit konsanaan, valahtaa

kermaisen kerrostäytekakun kohdusta

Gene Simmons -Cupidoja,

ilotulittaen ilmaan

intohimon nonparelleja

Kukkeuden yrttitarhassa hymy on hidastettua

Hellä humu hyväilee kaikkia

♥ SYYNI SINUUN III

Illallakin paistaa

kun sinä pannukakun

kotimaisista raaka-aineista

Rotumiehenä, savuoluen takaa

vahtaan sinua, Valio-yksilöä

Kutkutuksen kennelissä bokserit pyörivät nilkoissa

Tänään en ole paimen-, en liioin vahtikoira

vaan karkeakarvainen

saksanseisoja

Sinussa säntilleen

Ian Paice, Space Truckin' by William Shatner, Manfred von Richthofen, Thierry Mugler A★Men, Wrangler (Rodeo Ben), Erkki Lehtonen, Pekka Helanen, Leo Kinnunen, Pulkkinen, Pirjo "Pirre" Kaasinen, hirvikärpänen, "Ehkä otin, ehkä en!", Eddie Van Halen, Here I Go Again, Akhenaten, Ritari Ardent, Sigourney Weaver, Jodie Foster, Karen Carpenter, Cosmo Kramer, Robert Oppenheimer, Rudolf Steiner, Edith Bunker, Dr. Laszlo Kreizler, Lisbeth Salander, Chris Cornell, Weber Copper Original Kettle Premium, K'un-Lun, zulu, Timbuktu, "E.T. phone home!", Geronimo, malocchio, Ambar cerveza sin alcohol, John Connor, Juan Sebastián Veron, Francisco Pizarro, Oldsmobile Toronado, mäntysirkku, Alfred Hitchcock, Ihmelintu Wattoo-Wattoo, Cusco, painopeitto, Sapfo, Pol Pot, Buster Phantom, Petter Nilsson, Edward Norton, Krypton, John Stith Pemberton, verkkopyton, Monty Python, Gugge Sandström, Nokkosvarrasleipä (kuminaton), Flash Gordon – iskevä salama, Telly Savalas, Sagrada Família, samsara, havupuu-uutejuoma, Rapala, Buick Riviera, Suzuki T-500 Cobra, Shelby Cobra, makea suippopaprika, Kari Mannerla, Hulda Simula, Paiste Formula 602, Boeing AH-64 Apache, Hermesetas, Das Hofbräuhaus, Corega Tabs, Hagia Sofia, harpyija, Arvi Pontsa, Pontus Toikka, tynnyrisauna, Portinranta, John Goodman, Michael Jordan, Royal-maitosuklaa, veli Cadfael, Mazda 787B, Bob Morane, Aston Martin Vantage, Ludwig Vistalite, CPAP-laite, Josef Mengele, paradiddle, Henry David Lee, John C. Reilly, Ed O'Neill, Kyrö Distillery, Sir Sean Connery, Arabia (Esteri), Bumblebee, Bruce Lee, Muhammad Ali, Idi Amin, Ulla Appelsin, Bruno Brazil, tiikeribalsami, Steve Buscemi, Frederick Stanley, Stan Lee, Jeff Bridges, Ned Flanders, Hernán Cortés, Ed Harris, Miles Davis, Naga Morich, Willy Messerschmitt, Wilbur Smith, Sonor Artist Series Beech Earth, James Bigglesworth, Louis Pasteur, Neil Peart, O'Keeffe's Skin Repair, Fanny Churberg, Hugo Simberg, Arto Nyberg, Nils Gabriel Sjöberg, mandrilli, ilmaveivi, Rosettan kivi, Georg August Wallin, Petri Walli, Barelli, Richard J. Gatling, Jerry Cantrell, Merrell Sprint Blast, Tony Williams, Toots Thielemans, Juha Ruokangas, Erast Petrovich Fandorin, The Thing – "se" jostakin, Markos – robottiajan sankari, Conan barbaari, koronakaranteeni, berberiini, Joe Satriani, Harry Houdini, Tšingis-kaani, komodonvaraani, ubikinoni, Kirami, Javier Zanetti, suffragetti, Hulkon Antti, Nilsiän öljysheikki, Tupla Maxi, Horst Schimanski, Hammurabin laki, Borat, Devon "No Limits" Larratt, Ingvar Kamprad, Peter Falk, Gilead, Edith Södergran, Samarkand, Herra 47, Tenochtitlán, tähtililja, Marabou Pigall, Slutku Huja (Slobo Horo), Stimorol, Yashim Togalu, "You had me at 'Hello'!",

soma lapin honka (kelo)

VUOSIHUOLTO

Yöpakkasten saapuessa

ottaisin kernaasti kontolleni

Mersun ilmajousiongelmat:

tyhjentyvät pussit ja pudonneen perän

Rakkauteni punassa yhteiskuntavastuuni kannan

Olen taas kuin liika sosialismi

En osaa jakaa ja

tuhoan kaiken toimeliaisuuden

RIPPI RAKKAUDESSA

Tiedät parhaiten, kun en ole parhaimmillani

Tahdosta riippumatta ja vastaan nikotellen

koetan sinulta harhauttaa

heikot kohtani

niin kuin hikka ja Akilleen kantapääkikka

Olen sitoutunut sinuun

mutta liian usein tulen velvollisuuksilla

Turha silti läksyttää, tarpeetonta

käännyttää

Kiintymyksestä nimittäin

aina tänne jään

Täydennyskoulutit itsellesi voimakehälisenssin

Voit nyt mentoroida ja valmentaa

positiivisen psykologian nimissä

Voin kertoa, ettei olisi tarvinnut

Tekemällä pieniä muutoksia ääniaaltojen

voimakkuuteen ja taajuuteen

olet aina pystynyt

vaikuttamaan verenkiertoon sekä

testaamaan hermojen toiminnan

Kiihottamaan kihelmöinnistä tanakan

KÄÄRMEKÖYNNÖS

Ilmansuuntiin huutelun jälkeen

kotiudumme takaisin liittomme keskipisteeseen

Kun kaksin kurkotamme, yhteen kietoudumme

Hyvällä halulla,

toisen tarpeisiin kiertyen

Pahalla tavalla,

omilla keinoilla kuristaen

Rakkaus puristaa auki-kiinni, se rutistaa

ilon, totuuden ja pirun irti

Eikä kiintymys ole kilpailu, ei kulissi

vaan kauneuden tiaran vie

kompromissi

Sitä syö hyvällä vuokahalulla

vastuustaan sokerikuorrutuksen

eikä sotkisi kätösiään velvollisuuden taikinaan

Parasta kun yhdessä vuorotellen

kaulitaan ja käännetään

ainesosiin punnittu puhe

Välistä sikermämme sitkossa

cheerleader ja freeloader

Ponnistelun pitkosta

Cream Cracker

SÄÄ JA MÄÄ

Suhteemme monsuunikaudella

sateet hukuttavat alleen kaiken

Uhrilampaana kipitän kumarassa

kunnes tulva pyyhkäisee lietteen mukana

sameaan valtamereen

missä läpimärän villan taakka

ankkuroi pohjakosketuksen

Sorkat polkevat paniikissa

planktonista tukevaa sijaa

mutta suden hetkellä

merileväkäärmeesi takertuvat nilkkoihin ja

pelastusta tarjoten

syvyyden imu irtoaa loitommas

Myrskyn silmässä yritämme etsiä levollisuuden saarta

jonka viimeisellä rannalla

laineet kääntyvät lämpöaalloiksi,

laidun vihannoisi, jatkaisi

kasvukauttaan

Eikä yhdenkään aidan takana

mikään ruoho olisi

ikivihreämpää

ILTA TULI

Ehtoon tummuessa lämpö lomittuu tuntuvaksi
untuvaksi

Iltatuli valtaa takan, se kesyttää kiukaan, lepyttää kamiinan
ja hulmahtaa liekin leikiksi
kynttilälyhtyyn

Pimeys on suunnaton ja sopuisa, sen pitkämielisyyden sylistä
lasten nauru sivaltaa korville
rakkauden rouskeen

Saunan pyöröikkunaan piirrät höyrysydämen
Froteepyyhkeessä tuoksuu savukiehkura

Kotvan aikaa
kenenkään meidän ei tarvitse kuvitella enempää
mitä kohtalo on kantanut tarjottimellaan

Eikä meillä ole isompia elämiä, mutta meillä on suuresti
toisemme

Yhä lähemmäksi hivuttautuu itsenäistymisenne hetki

ja kahta kauheammin kehitämme keinoja

pakastaa yhteinen riemu,

purkittaa naurunne sen päivän varalle kun

huoneissa onkin yhtäkkiä tilaa kaiulle

joka on hukannut äänensä

Ifolorin kuvakirjoiksi muistovitriiniin

Tovin pitää käsistä kiinni

Koko elämän sydämestä

 **"BUT I FEEL I'M GROWING OLDER**

AND THE SONGS THAT I HAVE SUNG

ECHO IN THE DISTANCE

LIKE THE SOUND

OF A WINDMILL GOIN' 'ROUND

I GUESS I'LL ALWAYS BE

A SOLDIER OF FORTUNE..."

- David Coverdale ♫

"Soldier Of Fortune" | Stormbringer (1974)

Äiti hellin sormin,

mahoon maahan sykkivät silmut

Versoista sankka kukinto

Isä lempeällä kouralla,

karuun mantuun jämptit pytingit

Sopista elon suojasatama

Totta vie,

isosti puhkuen poikakin,

herkällä kädellä

sopukoiden nuppuihin

pilvilinnoja

PALJUN VARTIJA

Kuuman kylpytynnyrin höyryhengitys
laatii usvahattaralle koreografian

Syysripsauksesta veden pintaan
sadan pisaran ripaska

Mieli tanssii myöhäisen syliin, petaa
rauhalle tyyssijan

Hirsikehikon pesä tyhjentynyt
Muuttolinnut lähteneet radalleen

Linnunrata loistaa
Taivaanisällä taiteiden yö

Häijy kaipuu harjaa tähdet

Kiilusilmähenkien metropoli,

harras lyhtymeri hämärän rajamailla,

sysää syrjään

leuhkat eväät ja syyn

säyseyteen

Aika poimia sato,

kerätä kunnon kolehti

Raa'assa viimassa paksunahkaisina,

posket punasta kuultaen,

käsikoukussa kypsyneet

elon tarmokas puhti ja

metsähautausmaan puolukat

FATALISMAANI

Ristimäellä yksin murtuneena

särkynyt siipinen miniatyyrienkeli

Kivuliaasta katseesta kyynelportti

ikuisuuteen

Raajarikon pakkolasku,

graniittilaatan katolle

kaihon lohkeama

Muistopaaden pyhä kerubi

pinttyneenä kaltaiseni:

kivikuoren kasvattaja,

siunattu sanansaattaja,

lempeä haudanvartija

Sitkeästi sikiää iän pientareella

kasvun tumma vimma

Iäti kotelostaan kuoriutuva

jokapäiväisyyden poikanen

Nuhjuisen peltikorjaamon vankina,

verkkoaitakalterien takana

korroosiopotilas

Irvokkaan vitsin kaltaisena,

Cadillac Eldorado Biarritz

Rättikaton reunasta västäräkki luksushotelliinsa

Maalausliike lupaa katseen kestäviä pintoja

vaikka ankean pihansa kuorittu asfaltti

yötaivaalta raavittu karies

Hallinnan tunteen tajuaa vasta silloin

kun sen menettää

Kulkien katsoo kapteeni horisonttiin

Jos liike lakkaa, surutta tulee tonttiin

Autoliikkeen kyltti kuin

opettajan molekyyli, sylikin:

"Testattu sietorajalle ja ylikin!"

VALKOINEN VALHE

Rattoisasti siittää kevätaurinko

tarmokkuuden sikiön

Paiste paijaa luonnon puberteettiin ja

keskellä kiireen kirkkautta huomaa, kuinka

ikätoverit vanhenevat reipasta kyytiä

Hoksaisivat herkutella henkisesti, flirttailla

vuodenkierron piikkiin

Älä aikaa haaskaa!

Puhu ajalle iästä

potaskaa

Sitä on alkanut parjaamaan paheita

joiden harjoittamiseen ei enää itsellä riitä puhtia, mutta

joista nuorena tepasteli fasaanikukkona tunkiolla

Ennen genitaali oli

horisontaali sentimentaali ja

koko karnevaali joko

voittomaali tai skandaali

nykyään arsenaali on kurttukaali

ja finaali pelkkä

urinaali

kemikaalirituaali

LUUNKERÄÄJÄ

Liikaa sitä suuntaa

suurennuslasin polttopistettä eiliseen, siihen mitä

oli ennen

tai keskittyy piilottamaan

tulevia luurankoja kaapissaan

Vihikoira jäljittää sen mitä on, ei sitä

mitä toivoisi olevan

Mieli ympyrää kävellen,

luonteenlujuus

rustottuu ohi vapaudenkaipuun

Nikama nikamalta

selkäranka päivittää toivomusluun

Sieltä useimmiten itsesi löydät

minne kuvittelet kuuluvasi sulavimmin

Kotikaupungin muinaismuistopolulta,

Rikalan linnavuoren kalmistosta

historian havinaa hamuten

Halikon aarteen helmassa kaivan

kultaisen nuoruuden hopeakäätyjä

ja murtumapintani alta uutta totuutta

Aarniolehdossa pörhistelee koiraita:

leveäselkäisistä Rottweiler ulkoiluttaa,

Rammstein-bodari

mulkoiluttaa

Kirskuen raapii kosketus, kohtaamisen

metallinen kieli

Kumpikin rautakaudellaan,

runon- ja kehonrakentajan mieli

ALKUAINEET

Riittämättömyys kyseenalaistaa voiman

Se mitä on,

peittyy naamiovärein

Maana olen epävakaa, järistyksen sekoittama järjestys

Vetenä olen vetelä, liian laiska joki tulvimaan

Ilmana en kanna

Ilman happea olen tukehtuva hengitys

Tulena olen haalea, tuhkaksi hiipuva hiili

Uudelleenjaksaminen alkaa rakenteen hävitessä halulle

Lopun paineessa henki voittaa aineen ja

kaikkivoipa usko seuraa sydämen ääntä

Sointu velloo raskaana, mutta vastasyntynyt melodia

alati kauneimpana

Nykynuorison katseessa piilee immen pelisilmä

Eräskin elämäntapaintiaani tarjosi taannoin

Nyssessä istumapaikkaansa

Peruukkiko tässä jo harmaantunut?

Rukkiko enää kehrää?

Sai kyllä vastauksen

Jäi sitten tuijottamaan bändipaitaa

Eikö ole ennen nähnyt

liekehtivän haudan sisältä nousevaa

ihotonta zombiepetoa

joka kahleet murtaen irvistää salamaniskua

Pidäpä sinä kloppi kuule kantele

kuosi on herkkä

ja ryppyinen monsteri kuten kantajansa,

jänteikäs pentele

JUUTTUNUT TAHTI

Kierrätyskeskuksen varikolla

aurauskepit iskevät ojarumpuun

kadotuksen monotonian

ja peräkkäin köyhän talon betoniporsaat

kaihoavat kaapelikeloista kilometrilakua

Parakin ikkunassa

pahvijoulupukki kestokuolaa kalenterivierastaan

Alasti keikistelee neiti toukokuu

Digiverkon vankina puhelinpylväs,

lukee loikoillen

kaivonkannesta kanteen ja

purkujätteistä tiilenpäitä

Tämä on vuolas juoksumattoni

Täällä askellan tikissä, maalaan

muuttuviin kehyksiin

kestävän karikatyyrin

Täällä kokoustaa

hylättyjen hyödykkeiden klubi

unohduksen melankoliaa

Liikennemerkkikasan kärkikolmio vinksallaan,

noudattaa

väistämisvelvollisuuttaan:

ohi kirmaavaa

veljeskunnan puheenjohtajaa

SÄILIÖ

Vesitorninmäeltä näkee kauas

menneisyyteen

Urheilukentän hiilimurskalle jätimme kimpassa rippeemme

Nopeammin, korkeammalle, voimakkaammin

Nostit satasen penkistä, minä puolet siitä

pankista

ja rahoilla pussikaljoiteltiin unelmia ojoon

Yhdellä hollilla yliopistopaikka,

toisella framilla jäänmurtajatelakka

Polkujen erkaantuessa kipu näyttää

mitä sisällä on

Nyt yksi vetää hivenaineita, toinen

hivenen aineita

Kivetty tai kivinen on

kasvun kiemurainen tie

Pitkälti kaiken näkee

vesitorninmäeltä

KÄÄNNEKOHTALO

Mikään ei ole muuttunut, vaikka

kaikki on

Elämää virtaviivoittaa hyväksymisen mutaatio

kuten kotikylän teollisuus

Vanha haisi nenään, soi kuuleviin korviin

Uusi tuntuu sähköiseltä, silmiäkin sokaisee

Muistan menneisyyden kasvomeren kiimaisen kaipuun

muuttaa maailmaa, edes suurkaupunkiin

Kuin niistäen räkä päästä – pois – piti päästä

Alitajunnan taitteessa äkäpussilla

jo sieluun laveerattu sopu

Kaikki on muuttunut, vaikka

mikään ei ole

Ylikulkusillan kaiteessa tussilla:

"Ei paska tukottamalla lopu!"

Kuivunut kuravesiuoma veistänyt hiekkatielle

suonikohjuruodot

Lokakuun märkä khaki tuoksuu raivolla

takaraivoon

Hiekkakuoppatreeni kuin Sangiovese-Syrah

Aivolisäke pumppaa endorfiiniparven ryppäinä

opioidireseptoreihin

Roskalavan takana rento rusakko

reporankana:

"Taasko tollo kipuaa, kipuansa kirmaa?"

Rinne nousee. Juoksijan kimakka kiimakin

Rinne viettää. Juoksijakin pyhää pistostaan

Kumeana sykkii kirkonkello

Sydämen tahdissa poloinen polkka

LOCO MOTIVE

Karvaiset jalkani eivät mahdu liituraitahousuihin

jotka kehitysseminaarin polttopisteessä

hiertävät persevaosta

Me-hengen aivopesuämpäriin

innovoinnin tuskahien

Villikoipeni samoilevat autiokyliin

missä lähtö repsottaa tuulessa

Ne harhailevat hylättyihin kartanoihin

missä jälkeen jätetyissä tavaroissa asuu

kosketuksista kulunut historia

Ne vaeltavat junien hylkäämillä ruosteisilla raiteilla

missä matka on perillepääsyä tärkeämpi

Yksin kiskot kulkevat ja

yksin kiskot kulkemaan

Kuin perkeiden rääppeet

ovat kulkurin palkeet kuluneet

Varta vasten kuulen kuinka autius kaltaistaa

Ainoastaan kaiku

askelten äänet moninkertaistaa

FINAALI

Oksakiikkuhirressä

vanhan korituolin viimeinen lepo. Levottomana

vuoden viimeistä lähtöä tehty koko päivä

Ikääntyneet kananmunat ketulle kallionkoloon

Vanhat perunajauhot tuhkana tuulensuuhun

Pois kattosiivistä kokeneen sammaleet

Harjalta harjalla havunneulasarmeija

Kun kerran kesäkin, pihasangot nurinniskoin

Uppopumpulle jumppakielto

Ontosti kompostiin huussin arvoposti

Merelle jäähyväistilitys, loppuun hellä silitys

Poismenon hetkellä

pimeyden petoa härnäten,

taakse kääntyneen katseen vangitsen

visertävänä häkkilintuna

Näkymän viritän poissaolon toteemiksi

valon uudelleen syntyä palvoen

Olen ripustanut itseni kallion kaareen, riippuvaiseksi

vapauden juonesta, luomakunnan piippuhyllylle

kaiken taikaa tarkkaillen

Olen hoksannut kyvyn hengittää elämän jujua,

kengittää sen juureva lahjoitus

Kotvaksi kiinni aatehenkari

Koukku salpaan

Tekijä sulkeutuu

Haka säppiin

Kiitos. Näkemiin.

SISÄLLYS

TIPPUKIVIÄ

❶ CHILDREN OF THE GRAVE   MASTER OF REALITY

❷ KASHMIR PHYSICAL GRAFFITI

❸ JULY MORNING LOOK AT YOURSELF

❹ SOLDIER OF FORTUNE  **STORMBRINGER**